手話 ワークブック プラス

監修 阿部 忍
編 西讃ろうあ協会

ふくろう出版

手話を学ぶあなたに

「手話ワークブックプラス」を手にとっていただき、ありがとうございます。

この手話ワークブックプラスは、手話を学ぶあなたの手助けになるようにとの想いで作られたものです。

手話は、音声言語である日本語とは異なる独自の言語体系を有する視覚言語であり、手や指、体の動き、表情を使って視覚的に表現する言語です。

『手話は言語である』と明確に位置づけられ、全国的にも手話言語条例が制定されてきました。

耳の聞こえない人にとって、手話は大切な『ことば』です。

自分の言いたいことや気持ちを手話で伝えます。また、相手の言いたいことや気持ちも手話で受け取ります。手話でコミュニケーションをとることで、会話が成り立っています。手話でのコミュニケーションは、聞こえない人にとって「人とのつながり」であり、とても重要な役割をはたします。

手話は、表現力と読解力の両方を身につけなければコミュニケーションが成立しません。

この手話ワークブックプラスは、自分の手話の読解力を確認できるように作成されています。あなたの読み取り能力が少しでも向上できたらと願っています。

昨年の私と現在の私を比べてみてください。各自で自己点検することで読解力から表現力へ向上できると信じています。

手話ワークブックプラスの使い方

　学習において、かねてより反復学習の重要性が言われていますが、手話学習においても例外ではありません。

　手話学習の効果を高めるためには、反復学習と自己学習が有効的です。

　手話ワークブックプラスでは、手話能力を集中的に高め、徹底した反復学習で数字や指文字・単語を覚えるだけでなく使えるようにすることをねらいとして構成されています。

　ワークシートで繰り返し練習できるスタイルになっています。これで手話を確実に定着させてください。

　使い方はさまざまですが、例を取り上げますと表現担当が手話で表現します。読み取る担当は、手話をもとに単語または文章を記入します。それから答え合わせします。間違いがあったときは、単語がわからなかったのか、意味がわからなかったのか、ついていけなかったのか、覚えていなかったのかと自己の振り返りもできるでしょう。

　手話奉仕員養成講座・手話通訳者養成講座、手話サークル、手話学習会などで読み取り能力向上にお使いください。

　また、自宅でできるトレーニングも載せました。表現がなめらかにできるよう繰り返し練習をしてください。

　聞こえない人たちとのコミュニケーションが広がりますように、あなたの学習の助けになることを願っています。

手話ワークブックプラス

◆　目　　次　◆

手話を学ぶあなたに
手話ワークブックプラスの使い方

ワークシートの使い方

3種類のワークシートを準備しています。
使い方はさまざまです。

　ワークシートの表の頭には【　　　　】が
ありますので、そこに【指文字】や【数字】や
【単語】または、【短文】と書き込んでください。
　過去の読み取りを見直し、繰り返し学習を
しましょう。

年　　月　　日（　　）
【　　　　　　　】

1	
2	
3	
4	
5	
6	
7	
8	
9	
10	

ここでは、表現されたものを絵で描きます。
　手話の特徴である「視る」ことに着目して視る
力を養います。正確によく見ることに気をつけて、
自分のペースで、練習しましょう。
　ワークシートは、スペースの大きいものと小さ
いものがあります。絵を描くだけではなく、短文
の読み取りに使うこともできます。

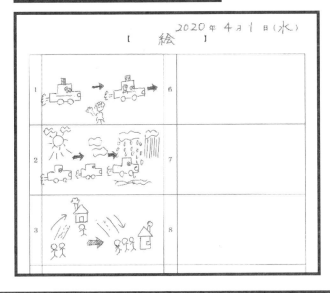

描いた絵を見て、今度は手話をし
てみると、振り返り学習にもなりま
す。

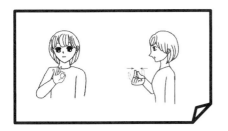

ワークシート
1

年　　　月　　　日（　　　）

【　　　　　　　　　　】

1	
2	
3	
4	
5	
6	
7	
8	
9	
10	

年　　　月　　　日（　　　）

【　　　　　　　　　　】

1	
2	
3	
4	
5	
6	
7	
8	
9	
10	

年　　　月　　　日（　　　）

【　　　　　　　　　　】

1	
2	
3	
4	
5	
6	
7	
8	
9	
10	

年　　　月　　　日（　　　）

【　　　　　　　　　　】

1	
2	
3	
4	
5	
6	
7	
8	
9	
10	

年　　　月　　　日（　　　　）
【　　　　　　　　　　】

1	
2	
3	
4	
5	
6	
7	
8	
9	
10	

年　　　月　　　日（　　　　）
【　　　　　　　　　　】

1	
2	
3	
4	
5	
6	
7	
8	
9	
10	

年　　　月　　　日（　　　　）
【　　　　　　　　　　】

1	
2	
3	
4	
5	
6	
7	
8	
9	
10	

年　　　月　　　日（　　　　）
【　　　　　　　　　　】

1	
2	
3	
4	
5	
6	
7	
8	
9	
10	

年　　月　　日（　　　）
【　　　　　　　　　　　　　】

1	
2	
3	
4	
5	
6	
7	
8	
9	
10	

年　　月　　日（　　　）
【　　　　　　　　　　　　　】

1	
2	
3	
4	
5	
6	
7	
8	
9	
10	

年　　月　　日（　　　）
【　　　　　　　　　　　　　】

1	
2	
3	
4	
5	
6	
7	
8	
9	
10	

年　　月　　日（　　　）
【　　　　　　　　　　　　　】

1	
2	
3	
4	
5	
6	
7	
8	
9	
10	

年　　月　　日（　　　）
【　　　　　　　　　　】

1	
2	
3	
4	
5	
6	
7	
8	
9	
10	

年　　月　　日（　　　）
【　　　　　　　　　　】

1	
2	
3	
4	
5	
6	
7	
8	
9	
10	

年　　月　　日（　　　）
【　　　　　　　　　　】

1	
2	
3	
4	
5	
6	
7	
8	
9	
10	

年　　月　　日（　　　）
【　　　　　　　　　　】

1	
2	
3	
4	
5	
6	
7	
8	
9	
10	

年　　月　　日（　　）
【　　　　　　　　　　　　】

1	
2	
3	
4	
5	
6	
7	
8	
9	
10	

年　　月　　日（　　）
【　　　　　　　　　　　　】

1	
2	
3	
4	
5	
6	
7	
8	
9	
10	

年　　月　　日（　　）
【　　　　　　　　　　　　】

1	
2	
3	
4	
5	
6	
7	
8	
9	
10	

年　　月　　日（　　）
【　　　　　　　　　　　　】

1	
2	
3	
4	
5	
6	
7	
8	
9	
10	

トレーニング　1

指をなめらかに動かしてみましょう。繰り返し練習をしましょう。
スピードに慣れましょう。

手の形がよく似ています。間違いやすいので、表現に気をつけましょう。

1	い	ち
2	あ	や
3	さ	あ
4	つ	ち
5	う	と
6	し	む
7	く	よ
8	て	ほ
9	け	て
10	な	ま
11	に	み
12	し	す
13	ゆ	わ
14	る	れ
15	す	る
16	け	ほ
17	ね	ま
18	み	よ
19	わ	う
20	や	い

トレーニング　2

指を一文字ずつ切らないで、なめらかに動かしてみましょう。繰り返し練習をしましょう。スピードに慣れましょう。

手の形がよく似ています。間違いやすいので、表現に気をつけましょう。

1	いち	ちい
2	あや	さや
3	さい	あさ
4	つち	さち
5	うわ	とわ
6	むし	よむ
7	よく	よし
8	てつ	ほね
9	けう	てる
10	すな	なま
11	くに	みす
12	しみ	すし
13	ゆみ	わな
14	わる	われ
15	すみ	るす
16	ける	ほる
17	まね	みま
18	しみ	よみ
19	わけ	ほう
20	いや	あい

年　　　月　　　日（　　　　）
【　　　　　　　　　　　　　　　】

1	
2	
3	
4	
5	
6	
7	
8	
9	
10	

年　　　月　　　日（　　　　）
【　　　　　　　　　　　　　　　】

1	
2	
3	
4	
5	
6	
7	
8	
9	
10	

年　　　月　　　日（　　　　）
【　　　　　　　　　　　　　　　】

1	
2	
3	
4	
5	
6	
7	
8	
9	
10	

年　　　月　　　日（　　　　）
【　　　　　　　　　　　　　　　】

1	
2	
3	
4	
5	
6	
7	
8	
9	
10	

年　　　月　　　日（　　　）

【　　　　　　　　　　　　】

1	
2	
3	
4	
5	
6	
7	
8	
9	
10	

年　　　月　　　日（　　　）

【　　　　　　　　　　　　】

1	
2	
3	
4	
5	
6	
7	
8	
9	
10	

年　　　月　　　日（　　　）

【　　　　　　　　　　　　】

1	
2	
3	
4	
5	
6	
7	
8	
9	
10	

年　　　月　　　日（　　　）

【　　　　　　　　　　　　】

1	
2	
3	
4	
5	
6	
7	
8	
9	
10	

年　　　月　　　日（　　　）

【　　　　　　　　　　　　】

1	
2	
3	
4	
5	
6	
7	
8	
9	
10	

年　　　月　　　日（　　　）

【　　　　　　　　　　　　】

1	
2	
3	
4	
5	
6	
7	
8	
9	
10	

年　　　月　　　日（　　　）

【　　　　　　　　　　　　】

1	
2	
3	
4	
5	
6	
7	
8	
9	
10	

年　　　月　　　日（　　　）

【　　　　　　　　　　　　】

1	
2	
3	
4	
5	
6	
7	
8	
9	
10	

年　　月　　日（　　）
【　　　　　　　　　　】

1	
2	
3	
4	
5	
6	
7	
8	
9	
10	

年　　月　　日（　　）
【　　　　　　　　　　】

1	
2	
3	
4	
5	
6	
7	
8	
9	
10	

年　　月　　日（　　）
【　　　　　　　　　　】

1	
2	
3	
4	
5	
6	
7	
8	
9	
10	

年　　月　　日（　　）
【　　　　　　　　　　】

1	
2	
3	
4	
5	
6	
7	
8	
9	
10	

トレーニング 3

指を一文字ずつ切らないで、なめらかに動かしてみましょう。繰り返し練習をしましょう。スピードに慣れましょう。

手首を動かさない表現です。意識して表現しましょう。

あい	うえ
かき	けさ
てつ	れつ
さわ	ける
きれ	かせ
つち	うき
かわ	いえ
われ	いち
うる	えさ
せき	てき
さけ	うら
かさ	いけ
わら	あか
さる	わけ
いわ	うち

【手話の歴史】

　日本のろう教育の歴史は、1878（明治 11）年に、京都盲唖院で、古河太四郎氏によって手勢法を中心に始まったと言われています。

　その当時は、目の見えない子どもと耳の聞こえない子どもが同じ学校に通っていました。現在では、特別支援学校（盲学校と聾学校）があります。

　では、世界の歴史はどうでしょうか。1760 年、耳の聞こえない子どもにフランスで、ド・レペという神父さんが世界で初めて手話教育を始めたと言われています。

【手話サークルの歴史】

　手話サークルの歴史は、1963（昭和 38）年に、京都の「みみずく」からスタートしました。

　入院したろう患者へのコミュニケーション手段として、看護師たちにより手話学習会が設立されたことが始まりと言われています。

年　　　月　　　日（　　　）
【　　　　　　　　　　　　　】

1	
2	
3	
4	
5	
6	
7	
8	
9	
10	

年　　　月　　　日（　　　）
【　　　　　　　　　　　　　】

1	
2	
3	
4	
5	
6	
7	
8	
9	
10	

年　　　月　　　日（　　　）
【　　　　　　　　　　　　　】

1	
2	
3	
4	
5	
6	
7	
8	
9	
10	

年　　　月　　　日（　　　）
【　　　　　　　　　　　　　】

1	
2	
3	
4	
5	
6	
7	
8	
9	
10	

年　　月　　日（　　）
【　　　　　　　　　　　　】

1	
2	
3	
4	
5	
6	
7	
8	
9	
10	

年　　月　　日（　　）
【　　　　　　　　　　　　】

1	
2	
3	
4	
5	
6	
7	
8	
9	
10	

年　　月　　日（　　）
【　　　　　　　　　　　　】

1	
2	
3	
4	
5	
6	
7	
8	
9	
10	

年　　月　　日（　　）
【　　　　　　　　　　　　】

1	
2	
3	
4	
5	
6	
7	
8	
9	
10	

年　　　月　　　日（　　　）
【　　　　　　　　　　　　　　　　】

1	
2	
3	
4	
5	
6	
7	
8	
9	
10	

年　　　月　　　日（　　　）
【　　　　　　　　　　　　　　　　】

1	
2	
3	
4	
5	
6	
7	
8	
9	
10	

年　　　月　　　日（　　　）
【　　　　　　　　　　　　　　　　】

1	
2	
3	
4	
5	
6	
7	
8	
9	
10	

年　　　月　　　日（　　　）
【　　　　　　　　　　　　　　　　】

1	
2	
3	
4	
5	
6	
7	
8	
9	
10	

年　　　月　　　日（　　　）
【　　　　　　　　　　　　】

1	
2	
3	
4	
5	
6	
7	
8	
9	
10	

年　　　月　　　日（　　　）
【　　　　　　　　　　　　】

1	
2	
3	
4	
5	
6	
7	
8	
9	
10	

年　　　月　　　日（　　　）
【　　　　　　　　　　　　】

1	
2	
3	
4	
5	
6	
7	
8	
9	
10	

年　　　月　　　日（　　　）
【　　　　　　　　　　　　】

1	
2	
3	
4	
5	
6	
7	
8	
9	
10	

トレーニング　4

指を一文字ずつ切らないで、なめらかに動かしてみましょう。繰り返し練習をしましょう。
スピードに慣れましょう。

手の形がよく似ています。間違いやすいので、表現に気をつけましょう。

あいち	やさい
ほんき	てほん
てんき	ねんき
うなり	となり
ゆうき	うきわ
ほんや	ほんね
てまね	ねまき
すみれ	しみる
みさい	みあい
るすい	うれい
ほけつ	ほてん
あやしい	やさしい
うるさい	ちいさい
あさつゆ	いわやま
あさやけ	ゆうやけ
ささくれ	ささやく
ねまわし	ほねなし
いいわけ	ゆうやみ
みちくさ	にちよう
ほうてき	ほんてん

トレーニング　5

指を一文字ずつ切らないで、なめらかに動かしてみましょう。繰り返し練習をしましょう。スピードに慣れましょう。

手の形がよく似ています。間違いやすいので、表現に気をつけましょう。

にわにわに	うみにうきわ
すなとつち	てんきよほう
よいてほん	いやなうわさ
うつくしいけしき	となりにすわる
やさいてんうどん	あかじのほてん
あいまいなちしき	つまらないてじな
てるてるぼうず	うちあけばなし
うるわしいこえ	でんきなまず
あざやかなわざ	ゆるやかなながれ
だいやのゆびわ	わきみうんてん

年　　　月　　　日（　　　）

【　　　　　　　　　　　】

1	
2	
3	
4	
5	
6	
7	
8	
9	
10	

年　　　月　　　日（　　　）

【　　　　　　　　　　　】

1	
2	
3	
4	
5	
6	
7	
8	
9	
10	

年　　　月　　　日（　　　）

【　　　　　　　　　　　】

1	
2	
3	
4	
5	
6	
7	
8	
9	
10	

年　　　月　　　日（　　　）

【　　　　　　　　　　　】

1	
2	
3	
4	
5	
6	
7	
8	
9	
10	

年　　　月　　　日（　　　）

【　　　　　　　　　　】

1	
2	
3	
4	
5	
6	
7	
8	
9	
10	

年　　　月　　　日（　　　）

【　　　　　　　　　　】

1	
2	
3	
4	
5	
6	
7	
8	
9	
10	

年　　　月　　　日（　　　）

【　　　　　　　　　　】

1	
2	
3	
4	
5	
6	
7	
8	
9	
10	

年　　　月　　　日（　　　）

【　　　　　　　　　　】

1	
2	
3	
4	
5	
6	
7	
8	
9	
10	

年　　月　　日（　　　）
【　　　　　　　　　　】

1	
2	
3	
4	
5	
6	
7	
8	
9	
10	

年　　月　　日（　　　）
【　　　　　　　　　　】

1	
2	
3	
4	
5	
6	
7	
8	
9	
10	

年　　月　　日（　　　）
【　　　　　　　　　　】

1	
2	
3	
4	
5	
6	
7	
8	
9	
10	

年　　月　　日（　　　）
【　　　　　　　　　　】

1	
2	
3	
4	
5	
6	
7	
8	
9	
10	

年　　　　月　　　　日（　　　）

【　　　　　　　　　　　　　】

1	
2	
3	
4	
5	
6	
7	
8	
9	
10	

年　　　　月　　　　日（　　　）

【　　　　　　　　　　　　　】

1	
2	
3	
4	
5	
6	
7	
8	
9	
10	

年　　　　月　　　　日（　　　）

【　　　　　　　　　　　　　】

1	
2	
3	
4	
5	
6	
7	
8	
9	
10	

年　　　　月　　　　日（　　　）

【　　　　　　　　　　　　　】

1	
2	
3	
4	
5	
6	
7	
8	
9	
10	

トレーニング　6

指を一文字ずつ切らないで、なめらかに動かしてみましょう。繰り返し練習をしましょう。
スピードに慣れましょう。

手首を動かす表現です。意識して表現しましょう。

おく	こや
すそ	そら
した	とく
たけ	なに
ねこ	その
ぬま	はま
ふみ	へや
ほし	めも
もむ	みや
ゆり	よる
ろす	もん
りす	むり
へり	たま
くま	ほろ
りか	いも

指を一文字ずつ切らないで、なめらかに動かしてみましょう。繰り返し練習をしましょう。
スピードに慣れましょう。

手首を動かす表現です。意識して表現しましょう。

いん	ろん
はん	にん
ほん	へん
とん	ちん
りん	ぬん
るん	わん
かん	よん
たん	れん
そん	つん
ねん	なん
らん	むん
うん	おん
くん	やん
まん	けん
ふん	こん

年　　月　　日（　　　）
【　　　　　　　　　　　】

1	
2	
3	
4	
5	
6	
7	
8	
9	
10	

年　　月　　日（　　　）
【　　　　　　　　　　　】

1	
2	
3	
4	
5	
6	
7	
8	
9	
10	

年　　月　　日（　　　）
【　　　　　　　　　　　】

1	
2	
3	
4	
5	
6	
7	
8	
9	
10	

年　　月　　日（　　　）
【　　　　　　　　　　　】

1	
2	
3	
4	
5	
6	
7	
8	
9	
10	

【　　　　　　　　　　　　　　　】

1	
2	
3	
4	
5	
6	
7	
8	
9	
10	

【　　　　　　　　　　　　　　　】

1	
2	
3	
4	
5	
6	
7	
8	
9	
10	

【　　　　　　　　　　　　　　　】

1	
2	
3	
4	
5	
6	
7	
8	
9	
10	

【　　　　　　　　　　　　　　　】

1	
2	
3	
4	
5	
6	
7	
8	
9	
10	

年　　月　　日（　　　）
【　　　　　　　　】

1	
2	
3	
4	
5	
6	
7	
8	
9	
10	

年　　月　　日（　　　）
【　　　　　　　　】

1	
2	
3	
4	
5	
6	
7	
8	
9	
10	

年　　月　　日（　　　）
【　　　　　　　　】

1	
2	
3	
4	
5	
6	
7	
8	
9	
10	

年　　月　　日（　　　）
【　　　　　　　　】

1	
2	
3	
4	
5	
6	
7	
8	
9	
10	

年　　　月　　　日（　　　）
【　　　　　　　　　　　　】

1	
2	
3	
4	
5	
6	
7	
8	
9	
10	

年　　　月　　　日（　　　）
【　　　　　　　　　　　　】

1	
2	
3	
4	
5	
6	
7	
8	
9	
10	

年　　　月　　　日（　　　）
【　　　　　　　　　　　　】

1	
2	
3	
4	
5	
6	
7	
8	
9	
10	

年　　　月　　　日（　　　）
【　　　　　　　　　　　　】

1	
2	
3	
4	
5	
6	
7	
8	
9	
10	

トレーニング 8

指を一文字ずつ切らないで、なめらかに動かしてみましょう。繰り返し練習をしましょう。
スピードに慣れましょう。

手首を動かす表現です。意識して表現しましょう。

えん	てん
あん	さん
きん	ゆん
めん	みん
しん	ひん
もん	せん
すん	あお
いく	うま
えり	おか
かま	きた
くわ	けす
こめ	さく
しり	すし
せみ	そと
たみ	ちく

【指文字】

　日本語の 50 音にあたるものが指文字です。日本語の 50 音は日本語の基本であり、そこから単語や文に発展しますが、指文字から手話には発展しません。手話と指文字は別のコミュニケーション・モードと言えます。

　大阪市立聾唖学校（現・大阪府立中央聴覚支援学校）の教員だった大曽根源助氏が渡米した際にヘレン・ケラーと出会い、アメリカ式指文字を知ったことから発展しました。

　帰国した大曽根氏は、アメリカ式の片手式指文字をヒントに考案し、1931（昭和6）年に、日本の指文字を正式に採用し全国に普及していきました。

　近年、指文字やアルファベットが含まれる手話が増えています。

　指文字は、わかりやすいように口形と手が一緒に見える位置が望ましいと言えます。

ワークシート
2

【　　　　　　　　　　　　　】

1	
2	
3	
4	
5	
6	
7	
8	
9	
10	

【　　　　　　　　　　　　　】

1	
2	
3	
4	
5	
6	
7	
8	
9	
10	

年　　　月　　　日　（　　　）　　　　　　　年　　　月　　　日　（　　　）
【　　　　　　　　　　　　　】　　　　　　　【　　　　　　　　　　　　　】

1	
2	
3	
4	
5	
6	
7	
8	
9	
10	

1	
2	
3	
4	
5	
6	
7	
8	
9	
10	

年　　月　　日（　　）

【　　　　　　　　　　】

1	
2	
3	
4	
5	
6	
7	
8	
9	
10	

年　　月　　日（　　）

【　　　　　　　　　　】

1	
2	
3	
4	
5	
6	
7	
8	
9	
10	

年　　月　　日（　　）
【　　　　　　　　　　　】

年　　月　　日（　　）
【　　　　　　　　　　　】

1	
2	
3	
4	
5	
6	
7	
8	
9	
10	

1	
2	
3	
4	
5	
6	
7	
8	
9	
10	

年　　月　　日（　　）

【　　　　　　　　　　】

1	
2	
3	
4	
5	
6	
7	
8	
9	
10	

年　　月　　日（　　）

【　　　　　　　　　　】

1	
2	
3	
4	
5	
6	
7	
8	
9	
10	

トレーニング　9

指を一文字ずつ切らないで、なめらかに動かしてみましょう。繰り返し練習をしましょう。
スピードに慣れましょう。

手首を動かす表現です。意識して表現しましょう。

つま	てま
とす	なか
にる	ぬの
ねつ	のり
はち	ひふ
へい	ほり
まけ	みそ
むら	めし
もつ	やま
ゆか	よせ
らふ	りら
るり	れく
ろけ	わた
おや	しも
すき	まめ

トレーニング　１０

指を一文字ずつ切らないで、なめらかに動かしてみましょう。繰り返し練習をしましょう。
スピードに慣れましょう。

手首を動かす表現です。意識して表現しましょう。

くま	まく
たき	きた
こし	しこ
たな	なた
くに	にく
くり	りく
たね	ねた
しま	まし
こね	ねこ
もし	しも
はな	なは
しめ	めし
ふた	たふ
ろく	くろ
こと	とこ

年　　月　　日（　　）

【　　　　　　　　　　】

1	
2	
3	
4	
5	
6	
7	
8	
9	
10	

年　　月　　日（　　）

【　　　　　　　　　　】

1	
2	
3	
4	
5	
6	
7	
8	
9	
10	

年　　月　　日（　　）
【　　　　　　　　　　　　】

1	
2	
3	
4	
5	
6	
7	
8	
9	
10	

年　　月　　日（　　）
【　　　　　　　　　　　　】

1	
2	
3	
4	
5	
6	
7	
8	
9	
10	

年　　月　　日（　　　）
【　　　　　　　　　　　】

年　　月　　日（　　　）
【　　　　　　　　　　　】

1	
2	
3	
4	
5	
6	
7	
8	
9	
10	

1	
2	
3	
4	
5	
6	
7	
8	
9	
10	

年　　月　　日（　　）
【　　　　　　　　　　】

1	
2	
3	
4	
5	
6	
7	
8	
9	
10	

年　　月　　日（　　）
【　　　　　　　　　　】

1	
2	
3	
4	
5	
6	
7	
8	
9	
10	

トレーニング 11

指を一文字ずつ切らないで、なめらかに動かしてみましょう。繰り返し練習をしましょう。スピードに慣れましょう。

手首を動かす表現です。意識して表現しましょう。

あなた	よこく
はなし	てまり
たおる	えまき
くらし	みかく
なやみ	たすけ
ふくろ	ねむけ
もほう	そこく
ふたえ	はやし
ほこり	とまり
くもり	したく
ちみつ	いとこ
はなみ	とうふ
やこう	みるく
まわり	そしな
よつゆ	ぬすみ

【手話】

　手話は、音声言語である日本語と異なる独自の言語体系を有する視覚言語であり、手や指、体の動き、表情を使って視覚的に表現する言語です。

　ろう者は、物事を考え、コミュニケーションを図り、お互いの気持ちを理解し合うために、また知識を蓄え、文化を創造するために必要な言語として手話を大切に育んできました。

　ろう者たちが長い歴史の中で、言語（母語）として豊かなコミュニケーションをしてきました。

　「手話は世界共通なの？」とよく聞かれますが、実際はどうでしょうか。

　日本各地にさまざまな方言があるように「手話」にも方言があります。また育った環境も違うので、同じ言葉でも手話が違います。

　国ごとに文化も生活も環境も違うので、当然、世界の手話も違います。

年　　月　　日（　　）　　　　　　年　　月　　日（　　）
【　　　　　　　　　】　　　　　　【　　　　　　　　　】

1	
2	
3	
4	
5	
6	
7	
8	
9	
10	

1	
2	
3	
4	
5	
6	
7	
8	
9	
10	

年　　月　　日（　　）
【　　　　　　　　　　】

年　　月　　日（　　）
【　　　　　　　　　　】

1	
2	
3	
4	
5	
6	
7	
8	
9	
10	

1	
2	
3	
4	
5	
6	
7	
8	
9	
10	

　　年　　月　　日（　　）　　　　　　　年　　月　　日（　　）
【　　　　　　　　　】　　　　　　　【　　　　　　　　　】

1	
2	
3	
4	
5	
6	
7	
8	
9	
10	

1	
2	
3	
4	
5	
6	
7	
8	
9	
10	

年　　　月　　　日（　　　）

【　　　　　　　　　】

1	
2	
3	
4	
5	
6	
7	
8	
9	
10	

年　　　月　　　日（　　　）

【　　　　　　　　　】

1	
2	
3	
4	
5	
6	
7	
8	
9	
10	

トレーニング　１２

指を一文字ずつ切らないで、なめらかに動かしてみましょう。繰り返し練習をしましょう。
スピードに慣れましょう。

いろいろ	はらはら
にこにこ	ほくほく
へとへと	とうとう
ちかちか	りんりん
ぬけぬけ	るんるん
わいわい	からから
ようよう	たまたま
れんれん	そうそう
つるつる	ねちねち
なかなか	らくらく
むしむし	うすうす
いらいら	のこのこ
おちおち	くねくね
やれやれ	ますます
けろけろ	ふわふわ

トレーニング　１３

指を一文字ずつ切らないで、なめらかに動かしてみましょう。繰り返し練習をしましょう。
スピードに慣れましょう。

こそこそ	えんえん
てかてか	あおあお
さらさら	きらきら
ゆらゆら	めらめら
みるみる	しくしく
せかせか	すいすい
うとうと	もくもく
まるまる	ろくろく
むんむん	すれすれ
つらつら	にちにち
ひやひや	ますます
うようよ	きんきん
こうこう	せいせい
ちまちま	つかつか
とくとく	ふれふれ

年　　月　　日（　　　）

【　　　　　　　　　　】

年　　月　　日（　　　）

【　　　　　　　　　　】

1	
2	
3	
4	
5	
6	
7	
8	
9	
10	

1	
2	
3	
4	
5	
6	
7	
8	
9	
10	

年　　　月　　　日　（　　　）

【　　　　　　　　　　　】

1	
2	
3	
4	
5	
6	
7	
8	
9	
10	

年　　　月　　　日　（　　　）

【　　　　　　　　　　　】

1	
2	
3	
4	
5	
6	
7	
8	
9	
10	

年　　月　　日（　　）

【　　　　　　　　　　　】

1	
2	
3	
4	
5	
6	
7	
8	
9	
10	

年　　月　　日（　　）

【　　　　　　　　　　　】

1	
2	
3	
4	
5	
6	
7	
8	
9	
10	

【　　　　　　　　　】

【　　　　　　　　　】

1	
2	
3	
4	
5	
6	
7	
8	
9	
10	

1	
2	
3	
4	
5	
6	
7	
8	
9	
10	

トレーニング　１４

指を一文字ずつ切らないで、なめらかに動かしてみましょう。繰り返し練習をしましょう。
スピードに慣れましょう。

きらきら	ぎらぎら
へらへら	べらべら
ころころ	ごろごろ
とんとん	どんどん
はらはら	ばらばら
さんさん	ざんざん
たんたん	だんだん
ふらふら	ぶらぶら
しくしく	じくじく
てかてか	でかでか
けんけん	げんげん
ひくひく	びくびく
ことこと	ごとごと
するする	ずるずる
からから	がらがら

トレーニング　１５

指を一文字ずつ切らないで、なめらかに動かしてみましょう。繰り返し練習をしましょう。
スピードに慣れましょう。

ぱらぱら	がくがく
ぴかぴか	がたがた
ぷかぷか	ぎりぎり
ぺらぺら	くどくど
ぽつぽつ	ぐるぐる
げらげら	ぐんぐん
ぜんぜん	ごしごし
ざあざあ	ずかずか
でれでれ	べんべん
たじたじ	ちびちび
ぼてぼて	つぶつぶ
とぼとぼ	ばりばり
びしびし	ぶるぶる
げろげろ	ぞろぞろ
ばたばた	ぶつぶつ

年　　月　　日　（　　　）　　　　　　　　年　　月　　日　（　　　）
【　　　　　　　　　　】　　　　　　　　　　【　　　　　　　　　　】

1		1	
2		2	
3		3	
4		4	
5		5	
6		6	
7		7	
8		8	
9		9	
10		10	

年　　月　　日（　　）

【　　　　　　　　　　　】

1	
2	
3	
4	
5	
6	
7	
8	
9	
10	

年　　月　　日（　　）

【　　　　　　　　　　　】

1	
2	
3	
4	
5	
6	
7	
8	
9	
10	

年　　月　　日（　　　）
【　　　　　　　　　　　　】

年　　月　　日（　　　）
【　　　　　　　　　　　　】

1	
2	
3	
4	
5	
6	
7	
8	
9	
10	

1	
2	
3	
4	
5	
6	
7	
8	
9	
10	

年　　月　　日（　　）
【　　　　　　　　　　　】

1	
2	
3	
4	
5	
6	
7	
8	
9	
10	

年　　月　　日（　　）
【　　　　　　　　　　　】

1	
2	
3	
4	
5	
6	
7	
8	
9	
10	

トレーニング　16

指を一文字ずつ切らないで、なめらかに動かしてみましょう。繰り返し練習をしましょう。
スピードに慣れましょう。

れいわじだい	アスパラガス
どうぶつえん	ねみみにみず
リングサイド	さんばがらす
なぐさめがお	とぎれとぎれ
がまんづよい	おとぎばなし
あげかまぼこ	ペンフレンド
もどりガツオ	にがにがしい
べつもんだい	ねんがはがき
ねみだれがみ	そのばかぎり
やぐらだいこ	でんしレンジ
そらぞらしい	ばんのうねぎ
ダブルパンチ	ようじんぼう
ねんどはじめ	プリマドンナ
ちんでんぶつ	おびただしい
ラジオドラマ	ぼうたかとび

【表情】

　手話で表現するときに、「表情」が大切だとよく言われます。では、表情とはなんでしょうか。

　それは、顔だけではありません。手、体、眉、頬、目にもそれぞれ表情があります。音声言語でも声の高低や強弱を変えることで伝えたいことが違ってきます。つまり、手話の表情はイントネーションなんです。

　手話の場合、音声を聞くことはできない代わりに表情を見分けて相手の伝えたい内容を理解することができます。

　例えば「わかる」という手話単語がありますが、表情をつけることで全部わかったとか、まあまあわかった、ちょっとわからないな、などさまざまな意味を伝えることができます。

　聞こえない人の手話をじかに学び、まねていくことで自然に表情がつき、豊かな表現ができるようになります。

ワークシート
3

年　　月　　日（　　）

【　　　　　　　　　】

1		6	
2		7	
3		8	
4		9	
5		10	

年　　月　　日（　　　）

【　　　　　　　　　　　　】

1		6	
2		7	
3		8	
4		9	
5		10	

年　　　月　　　日（　　　）

【　　　　　　　　　　　　　】

1		6	
2		7	
3		8	
4		9	
5		10	

年　　月　　日（　　）

【　　　　　　　　　　　　】

1		6	
2		7	
3		8	
4		9	
5		10	

年　　月　　日（　　）

【　　　　　　　　　　】

1		6	
2		7	
3		8	
4		9	
5		10	

トレーニング　１７

指を一文字ずつ切らないで、なめらかに動かしてみましょう。繰り返し練習をしましょう。
スピードに慣れましょう。

きゃ	きゅ	きょ
しゃ	しゅ	しょ
ちゃ	ちゅ	ちょ
にゃ	にゅ	にょ
ひゃ	ひゅ	ひょ
みゃ	みゅ	みょ
りゃ	りゅ	りょ
ぎゃ	ぎゅ	ぎょ
じゃ	じゅ	じょ
ぢゃ	ぢゅ	ぢょ
びゃ	びゅ	びょ
ぴゃ	ぴゅ	ぴょ

指を一文字ずつ切らないで、なめらかに動かしてみましょう。繰り返し練習をしましょう。
スピードに慣れましょう。

あっ	いっ	うっ	えっ	おっ
かっ	きっ	くっ	けっ	こっ
さっ	しっ	つっ	せっ	そっ
たっ	ちっ	つっ	てっ	とっ
なっ	にっ	ぬっ	ねっ	のっ
はっ	ひっ	ふっ	へっ	ほっ
まっ	みっ	むっ	めっ	もっ
やっ		ゆっ		よっ
らっ	りっ	るっ	れっ	ろっ
わっ				
がっ	ぎっ	ぐっ	げっ	ごっ
ざっ	じっ	ずっ	ぜっ	ぞっ
だっ	ぢっ	づっ	でっ	どっ
ばっ	びっ	ぶっ	べっ	ぼっ
ぱっ	ぴっ	ぷっ	ぺっ	ぽっ

年　　月　　日（　　）

【　　　　　　　　　　　】

1		6	
2		7	
3		8	
4		9	
5		10	

年　　月　　日（　　）

【　　　　　　　　　　　】

1		6	
2		7	
3		8	
4		9	
5		10	

年　　月　　日（　　）

【　　　　　　　　　】

1		6	
2		7	
3		8	
4		9	
5		10	

年　　月　　日（　　）

【　　　　　　　　　　　】

1		6	
2		7	
3		8	
4		9	
5		10	

トレーニング　19

指を一文字ずつ切らないで、なめらかに動かしてみましょう。繰り返し練習をしましょう。
スピードに慣れましょう。

ふぁ	ふぃ	ふゅ	ふぇ	ふぉ
うぁ	うぃ	うぅ	うぇ	うぉ
ヴァ	ヴィ	ヴ	ヴェ	ヴォ
きぇ	しぇ	ちぇ	にぇ	ひぇ
りぇ				
ぎぇ	じぇ	ぢぇ	びぇ	ぴぇ
でぃ				

文字が小さくなるときは、後方に引きます。

「ぉ」と「を」の指文字表現は同じです。

「ぉ」か「を」かは、単語で区別しましょう。

【例】

○　フォト　　　×　フヲト

指を一文字ずつ切らないで、なめらかに動かしてみましょう。繰り返し練習をしましょう。
スピードに慣れましょう。

きゃくしょく	きゅうきゅう
きょうじゃく	しゃぶしゃぶ
しゅうきゅう	しょうぎょう
ちゃくちゃく	ちゅうしょう
ちょうちょう	こんにゃく
にゅうどうぐも	にょうぼう
ひゃくめんそう	ヒューマン
ひょうりゅう	みゃくはく
ミュージカル	みょうじょう
りゃくじゅつ	りゅうちょう
りょくちゃ	ぎゃくりゅう
ぎゅうにゅう	ぎょうせい
ジャンボサイズ	じゅうみんぜい
びゃくや	ピューマ
ぴょんぴょん	めおとぢゃわん

年　　月　　日（　　）

【　　　　　　　　　　　】

1		6	
2		7	
3		8	
4		9	
5		10	

年　　　　月　　　　日（　　　）

【　　　　　　　　　　　　　】

1		6	
2		7	
3		8	
4		9	
5		10	

年　　月　　日（　　）

【　　　　　　　　　】

1		6	
2		7	
3		8	
4		9	
5		10	

年　　月　　日（　　）

【　　　　　　　　　　】

1		6	
2		7	
3		8	
4		9	
5		10	

トレーニング 21

指を一文字ずつ切らないで、なめらかに動かしてみましょう。繰り返し練習をしましょう。
スピードに慣れましょう。

すっぱい	いっぱい
ぐっすり	うっかり
おっとり	がっくり
ごっそり	ちっぽけ
じっかん	けってい
アップル	つっこむ
ソックス	エックス
ダッシュ	サッカー
アップル	キッチン
ゼッケン	ピッチャー
パイナップル	ブックカバー
バックミラー	ノックアウト
ニックネーム	デッドボール
とっぴょうし	まっさいちゅう
ほっきょくせい	リップスティック

トレーニング　２２

指を一文字ずつ切らないで、なめらかに動かしてみましょう。繰り返し練習をしましょう。
スピードに慣れましょう。

長めの単語です。スムーズに表現しましょう。

アイデンティティー	パブリックコメント
インスピレーション	リハビリテーション
オリエンテーション	クロスワードパズル
リスクマネジメント	ネイルアーティスト
フラストレーション	エンターテイメント
ディズニーランド	パッションフルーツ
コミュニケーション	ウォーミングアップ
ファーストレディー	タイムスケジュール
スクランブルエッグ	インターナショナル
ウエディングドレス	アイスキャンディー
セーフティーネット	ティッシュペーパー
トレーニングパンツ	プロフェッショナル
ノーマライゼーション	キャビンアテンダント
ユニバーサルデザイン	ホップステップジャンプ
インフォームドコンセント	メタボリックシンドローム

年　　月　　日（　　）

【　　　　　　　　　　　】

1		6	
2		7	
3		8	
4		9	
5		10	

年　　月　　日（　　）

【　　　　　　　　　　】

1		6	
2		7	
3		8	
4		9	
5		10	

年　　月　　日（　　）

【　　　　　　　　　】

1		6	
2		7	
3		8	
4		9	
5		10	

年　　　月　　　日（　　　）

【　　　　　　　　　　　　　　　】

1		6	
2		7	
3		8	
4		9	
5		10	

トレーニング　２３

日本語としては、異なる言葉ですが、手話単語は同じになることがあります。
同じ手話単語を繰り返し表現するとわかりにくいことがあります。

次の文章を工夫して表現してみましょう。

➢　春は暖かいですが、秋は涼しいです。

➢　暑い夏は好きですが、寒い冬はきらいです。

➢　冬は寒いので、朝、起きるのがつらいです。

➢　友だちはみんな仲良しです。

➢　ご飯を食べましたか。

➢　カレーは辛いですね。

➢　悲しくて涙が出ます。

➢　学校で手話の勉強をしました。

➢　みんなで歌を歌いましょう。

➢　壁にポスターを掲示してください。

➢　夜は暗いので気をつけてください。

➢　方法がわからないのでどうしようか。

➢　名古屋城を見に行きましょう。

➢　家の周りに騒音がひどいので環境が悪いです。

➢　外国人に観光ガイドを紹介します。通訳をお願いします。

手話単語の表現に、『手の形』・『位置』・『動き』の違いに気をつけましょう。
スピードに慣れましょう。

よく似た手話がたくさんありますが、ひとつひとつ違います。
しっかり手話単語を覚えましょう。

1	今	ある
2	歳	趣味
3	遊び	会社
4	テレビ	映画
5	参加	申し込む
6	暖かい	涼しい
7	赤	白
8	上手	下手
9	店	休み
10	買う	売る
11	表現	有名
12	好き	幸せ
13	豆	銀行
14	森	状況
15	楽しい	忙しい
16	交流	混ぜる
17	釣り	剣道
18	地震	新潟
19	愛知	愛媛
20	鹿児島	沖縄

年　　月　　日（　　　）

【　　　　　　　　　　　　】

1		6	
2		7	
3		8	
4		9	
5		10	

年　　　月　　　日（　　　）

【　　　　　　　　　　　】

1		6	
2		7	
3		8	
4		9	
5		10	

年　　　月　　　日（　　　）

【　　　　　　　　　　　　　　】

1		6	
2		7	
3		8	
4		9	
5		10	

年　　　月　　　日（　　　）

【　　　　　　　　　　】

1		6	
2		7	
3		8	
4		9	
5		10	

【手話は言語】

　「手話は言語である」と定義した「障害者権利条約」が 2006 年 12 月 13 日の国連総会において全会一致で採択されました。

　手話が言語として国際的に認知されたのです。ひと昔前は、聞こえない人たち、そして手話は長く虐（しいた）げられてきた歴史があります。陽の当たらないところで手話を大切に守り、発展させてきました。

　令和になった現在も「手話」に対する偏見がまだ残っているのです。

　日本も手話言語法を早期に制定することと、同時に情報・コミュニケーション法も制定に向けて運動を進めています。

　全国的にも、各県市町村に手話言語条例や情報・コミュニケーション条例の制定にむけて取り組んでいるところが増えています。

　あなたの住んでいる町が条例化に向けて取り組んでいるなら、ぜひご協力お願いします。あなたのお力が早期制定につながりますので、ぜひご協力ください。

指 文 字

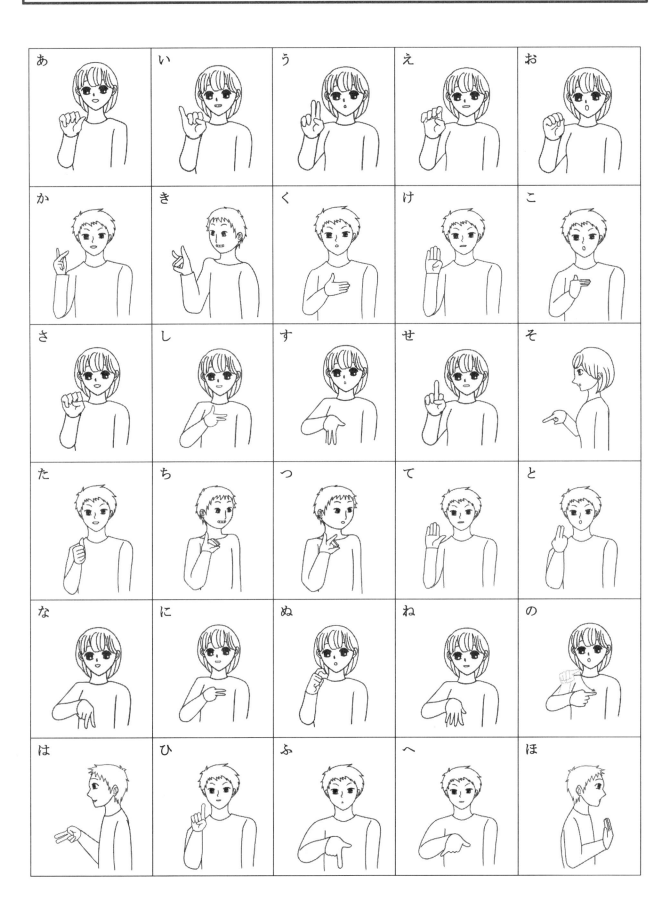

指　文　字

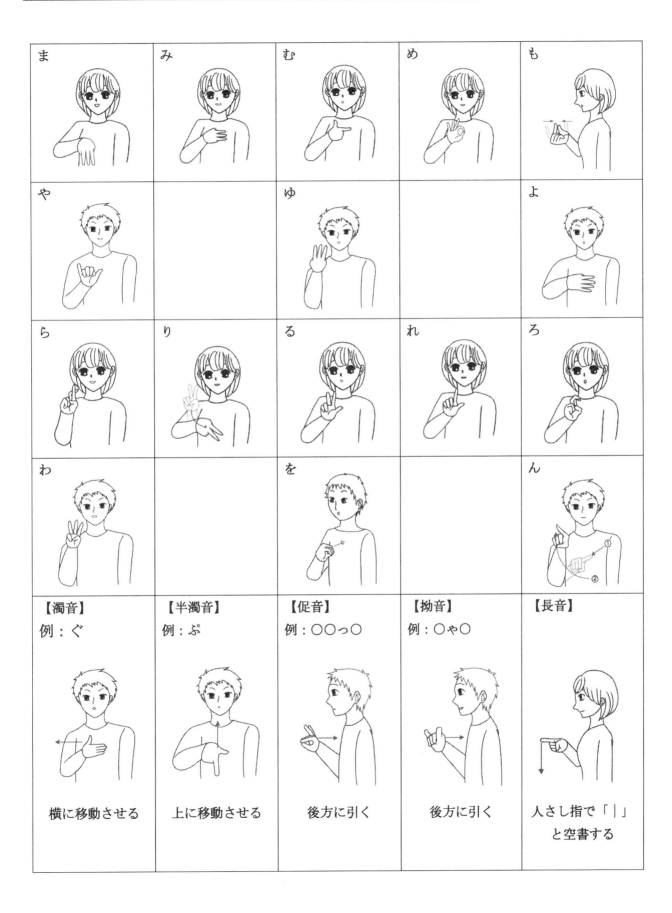

【濁音】	【半濁音】	【促音】	【拗音】	【長音】
例：ぐ	例：ぷ	例：○○っ○	例：○ゃ○	
横に移動させる	上に移動させる	後方に引く	後方に引く	人さし指で「｜」と空書する

［監修者略歴］
阿部　忍（あべ　しのぶ）

［学歴］
四国学院大学大学院　社会福祉学研究科社会福祉学専攻修士課程　修了
社会福祉学修士

筑波大学大学院
人間総合科学研究科ヒューマン・ケア科学専攻博士課程　修了
博士（学術）

［職歴］
一般企業勤務、
瀬戸内短期大学専攻科福祉専攻　講師を経て、

現在
さぬき福祉専門学校介護福祉学科　専任教員
四国学院大学　非常勤講師
手話通訳士の資格を取得、手話通訳活動も行っている。

［編集者紹介］
西讃ろうあ協会
1985 年に結成された「観音寺・三豊ろうあ協会」を起源にもち、
地域に暮らす聴覚障がい者の生活と権利を守ること
聴覚障がい者に対する社会一般の認識を高めること
を活動理念に掲げながら、次のような活動を行っています。
・　聴覚障がい者および聞こえる人を対象とした手話教室の開催
・　聴覚障がい者の社会参加と自立を促すための各種講座の開催
・　機関紙やホームページによる情報の発信

〒768-0051
香川県観音寺市木之郷町 1116 番地 1
西讃ふくろうセンター
E-mail：seisan-roua@air.ocn.ne.jp
http://seisan-fukurou.jp/
FAX：0875-27-7708

手話ワークブック プラス

2020 年 2 月 17 日　初版発行

監　　修	阿部　忍
編　　集	西讃ろうあ協会
イラスト	薦田　純

発　　行　**ふくろう出版**
〒700-0035　岡山市北区高柳西町 1-23
　　　　　　友野印刷ビル
TEL：086-255-2181
FAX：086-255-6324
http://www.296.jp
e-mail：info@296.jp
振替　01310-8-95147

印刷・製本　　友野印刷株式会社
ISBN978-4-86186-780-4 C2080　　ⓒ2020
定価は表紙に表示してあります。乱丁・落丁はお取り替えいたします。